八十回憶錄

黃光達　著

美商EHGBooks微出版公司
www.EHGBooks.com

EHGBooks 公司出版
Amazon.com 總經銷
2014年版權美國登記
未經授權不許翻印全文或部分
及翻譯為其他語言或文字
2014 年 EHGBooks 第一版

Copyright© 2014 by Kuang-Da Huang
Manufactured in United States
Permission required for reproduction,
Or translation in whole or part.
Contact：info@EHGBooks.com

ISBN-13：978-1-62503-159-4

目錄

目錄 I

祖先世代　源遠流長 1

時局變化　舉家南渡 4

僑校啟蒙　廣肇逸仙 6

抗戰勝利　國家生變 7

知用中學　導我啟航 8

回國（台）升學　改變人生 10

隨團離越　經港赴台 12

入學師院　接受教育 14

參加黨團　拓展視野 16

創設組織　展開服務 18

畢業返越　服務僑校 20

越局變化　接運僑生 23

任職教部　初入仕途 25

遠適非洲　服務僑校 28

東非僑校　多元經營	31
改造僑校　從無到有	35
拓建校舍　更上層樓	37
返台情怯　客串僑商	38
重返東非　再執教鞭	40
回台結婚　任職北醫	42
國家俱變　重新再起	45
服務政大　勝任愉快	46
重返故鄉　初跡美西	48
遍遊美東　兒女留學	52
置產定居　移民伊始	54
北藍南綠　政黨輪替	58
初臨加西　安度晚年	60
國恩家慶　福杯滿溢	63
錄後補記　永存感恩	69

祖先世代　源遠流長

黃氏源自湖北江夏（今武漢），族人以江夏為郡號，歷經五代後唐後晉，太祖峭山公，三房各七子，目睹戰亂相尋，憂心時局，因而傳詩為誌，詩曰：

駿馬登程出異方　　任從隨地立綱常

年深外境猶吾境　　日久他鄉即故鄉

曉夜莫忘親命語　　晨昏須荐祖宗香

願言蒼昊垂庥庇　　三七男兒總熾昌

命諸子分廿一支人脈，各執一詩以憑相認，各奔前程，另創基業。

其中一支渡江南下入閩，繼而遠至廣東南雄，聚居珠璣港，輾轉相傳繼續流放，最後定居廣東新會縣，杜阮鄉龍榜坊，水堆里。

先祖考茂相（遠輝）公，已是第廿三世代了，先祖妣劉氏產三子二女，由於歷代耕讀，家道不豐，先祖與先伯父瑞雲（傳德）都是鄉中塾師，更不事生產，先祖謝世後，先伯父承父業，繼續執教，終而貧病早逝。

先父瑞樞（傳永）失怙之餘，又痛雁行折翼，未嘗不自怨其命理太剛（農曆九月初九生）。家鄉謀生不易，便興起出洋求生的念頭。當下與大姐（玉鈿）分別遠走南洋，大姐投靠星馬幫傭而落籍，嫁給區姓鄉親。

先父則投入當時的法屬安南（後獨立為越南）。以勞力攢取生計。歷時四載，稍有積蓄，又聞母親病重，即買棹回鄉歸省。為了沖喜，便在鄉中與先母李氏（玉和）成親，時年方二十。

母病方癒，即便攜妻渡海南來，定居西貢，夫婦兩人，胼手胝足，既售冷飲，兼營水果買賣。歷時既久，也從街頭小販進而有店面經營。且不下五六家之多。

先父在鄉結婚之時，便被祖祠命名傳永，（廿四世傳字輩）。故其分店均以永名，如永興，永發，永隆，永盛，永昌。這些先後出現的永字號分店，也令當年先父母疲於奔命。不得已而先後引進家鄉宗姪子弟，次第出洋來西貢打工，對當年勞工輸出，也為海外僑匯貢獻不少。

在此十餘年中，生意蒸蒸日上，家中人口也不斷上升，先母前後產下三女（利歡，艷歡，淑群）二子（光耀，光榮）雖在異域，也能供書教讀，都有小學基礎。

當年先祖母思念兒孫心切，先父便打點妻兒回鄉省親，那時先母懷孕有我。

為成全先父孝思，但又不忍其中饋單獨，便同意先父納妾，迎呂氏（鳳蓮）入門，以為照顧。

那年先母大腹便便，攜帶三女二子從西貢上船回國，返鄉之日，祖孫三代第一次見面，其樂融融。翌年（1933年）深夏，農曆六月生下我，更添喜氣，六年來我在大伙親人愛護之下，快樂成長。

家鄉俗例，重農生產，我家不事生產，但不能見外於鄉人，必須從事勞動生產，所以兩姐都得定時上山斬柴割草，以渾眾目，暇時在家自修。入學之齡，我也隨同三姐入書塾念三字經，千字文。

在越南的先父與庶母，這些年也先後生了三個兒子，光顯，光發與光明。成為我的異母弟。先父便安排庶母率領三子乘船回國省親，先祖母見了九個孫兒圍繞膝前，更是樂不可支。轉眼歸期已屆，先庶母即攜三子回旋。海上航程七晝夜，先庶母不幸在抵岸之日，竟染風寒而逝，小弟光明猶在襁褓中。

時局變化　舉家南渡

　　1931 年東三省已失陷，1937 年蘆溝橋事變，引發全面抗戰，各地風起雲湧，政局動盪不安，東南各省也不安寧。先父便安排舉家南渡避難。

　　首先大姐年長待婚，便婚配同鄉葉福權姐夫。先祖母斯時年已老邁，也在此時謝世，與先祖父同歸福地。

　　先母安置妥當，便攜兒女五人經香港乘船往西貢與先父團聚。還是當年堂前燕，重返尋常故舊家，（西貢麥馬洪街 12 號）。

圖說 1 西元 1939 年攝於廣東新會，舉家南渡前，同母六姐弟合影留念。

時局變化　舉家南渡

　　夫妻二人，外加兒女八口。生計日繁，先父克勤克儉，賣力從事，整日汗流夾背。先父寡言鮮語，嚴肅自持，在我童年印象中，很少和顏悅色，多的是叱叫怒號。令人生畏。但對三個小弟，夜裡噓寒問暖，完全慈父角色，莫非移其愛母之心以及其孤，以慰失恃之痛，我只能以此推度先父中年喪妾之痛。

圖說 2 西元 1940 年，初抵越南西貢，攝於西商會庭院。

僑校啟蒙　廣肇逸仙

抵越南初期，我先進入西貢廣肇小學就讀，那是西貢廣肇幫公所經營的小學，頗具規模，導師有吳其照，勞乃勛及葉德蓀。後來為了陪兩小弟就近上學，轉至附近巷弄裡的私立復禮小學，感覺上委屈多了。

家母晚年因婦產科病變而離開我們，留下八個孤兒女，家中不能無主，經同鄉媒介，續娶繼母張氏（麗娟）。不久也遷居記功街73號（73　Ky-Con ST.）。

新居樓上就是逸仙中小學，我們六兄弟同時入學，學費不輕，先父是向校長簡繡山先生討價減免才入學。

我就讀四年級的級任馬斌英老師，隨級而升，指導我到小學畢業。她選擇教材，從古文觀止中挑周敦頤的愛蓮說開導，至今猶朗朗上口。

當時日軍入侵南太平洋，法屬安南（越南）也相繼淪陷，西貢市面蕭條，風聲鶴唳，市民為了躲避盟軍轟炸，大多疏散下鄉，學校因而停課。但不旋踵，大家又回來了。當時師生失散，校長簡繡山先生為了絃歌不輟，雖只一人也要復課。竟然為我一對一面授初中國文，當時所授課文正是李密的陳情表，和諸葛亮的前後出師表，至今不忘。感人至深。校中老師如勞乃滌，張奕中（國文），黃英儒（音樂美術），伍永輝（童軍，體育），都是一時之選，令人難忘。

抗戰勝利　國家生變

　　1945（民國34）年，抗戰勝利，日軍投降，法屬安南（越南）也全面光復，我們也恢復上課，直到初中畢業。

　　僑社為慶祝抗戰勝利，我國名列四強，（法國還未算入）歡欣鼓舞，僑胞為迎接國民政府大員蒞臨，或誤傳我軍艦遠來宣慰僑胞，常弄得人仰馬翻，貽笑中外。

　　抗戰勝利沒帶來多久的喜悅，國民政府接收人員貪污作弊，大失人心，國共內戰，國軍節節敗退，令僑胞為之心碎。最後轉進台灣，1949（民38）年，金門古寧頭一役，奠定基礎，使台灣得以苟延殘喘，從而勵精求治，長存久安。僑胞們才放下心頭一塊大石，而我也由是而認識了台灣。

　　先父在一次摔傷後，因積勞成疾，從此撒手人寰，享年六十。家中驟失支柱，我也暫時中輟升學，與兄長共持生計。繼毌之前已先後生下兩妹淑蘭與翠菊，此際也懷孕在身，繼而產下遺腹女，後取名美儀。

　　正感前路茫茫之際，堤岸知用中學數理教師容宜讓先生，在樓上逸仙中小學兼課。其女友葉寶珠女士與家姐淑群（又名慧珍）相交頗深，鼓勵我不要放棄，並為我引見容老師，蒙允肯只要我成績優異，願給我減免學費的機會。也引起我的衝動，在兄姐的鼓勵下，我重新收拾書本投入補習，蒙容師不棄，在教室內為我一對一補習數學。在暑假參加知用中學入學考試，倖而錄取，踏上人生新路。

知用中學　導我啟航

　　1949（三十八學年度），我重背書包，踩著殘缺的腳踏車，每天往返西貢（家）堤岸（學校）之間，早午晚來回四次，風雨無阻，樂此不疲。同伴而行者有同級學友梁文津同學。我們風雨同櫛，車輛互閃，也曾為逃避警察攔途查問，互相照會。想不到五十年後，偶而提及，才知道旁邊還有第三者，那是堤岸嶺南高中的古瑞雲君後來回台升學台南成功大學建築系，他也是冷眼看我們在馬路上逍遙，只是當時互不認識，說來已是半世紀前的往事。

　　三個學年下來，（1949-1952），每學期學業成績，都在前五名。最後以第十三屆畢業；總成績是全班第三名，校長唐富言先生獎勉有加。唐校長是湖南人，書畫名家，由廣州知用學社南來創校，頗著斐聲。對容老師而言，也足以謝其拔掖之恩。期間也受國文老師賈國恩（字曉寰，江西省教育廳長，第一屆行憲國大代表）；英數理老師方行的精心解惑，引導我投入數學的興趣。

　　當時同級同學在思想上走向兩方面，一方受中共同路人渲染，思想左傾者不少。另一方則保守的傾向台灣，但寥寥可數；僅陳裕勳，李榮基，彭真興，黃敏軒及我而已。低我們一級的李偉傑，也時相過從，堅持走台灣路線。在班上尚不至明爭暗鬥，但壁壘分明。

　　眼前畢業在望，離開學校何去何從？奔向中國大陸尋求升學者大不乏人。但我們要去台灣升學卻毫無邊際。台灣的高等學府遙不可及。"高山青"的曲調，縈迴耳際，但我卻捕捉不到,那只有走著瞧,等著看了。

回國(台)升學　改變人生

　　1952年的春天，中國國民黨領導的中央政府播遷台灣，才奠定基礎。為爭取海外僑胞的支持，便派中央委員會第三組主任鄭彥棻偕同秘書董世芳聯袂飛臨越南西貢，一方面宣慰僑胞，一方面藉機鼓勵僑社組團回國參加雙十國慶之後，在台北劍潭舉行全球僑務會議，以便通過成立華僑反共救國聯合總會。也同時激勵僑生回台升學。

　　這天（三月廿九日）正是青年節，全僑在堤岸中國大戲院舉行慶祝大會，並歡迎鄭主任出席演講。我正是前途徬徨無主，便參加大會聆聽演講。

　　鄭主任熱情洋溢，氣宇軒昂，對當前國際局勢，及政府在台灣勵精圖治的反共大業，分析得淋漓盡致，聞者動容，在當時西貢僑社引起普遍激盪。

　　最打動我心的：卻是政府為了鼓勵僑生回台升學，採行免試保送辦法，只要具備高中畢業或同等學力，即可申請免試保送分發台灣公立大專院校入學。

　　此後我與同級同學陳裕勳，趨向當時駐西貢總領事館探詢回台升學的手續，由副領事王濤先生接見並允協助。我同時提出因經濟能力不佳，無法負擔去台機費。也蒙隨習領事洪根松先生允予協助解決。（向各界僑領募款）

　　鄭彥棻主任其後接任行政院僑務委員會委員長，副委員長李樸生、黃天爵。正式推動僑務行政。1952年5月，會同教育部（部長程天放，政務次長鄭通和，常務次長高信）。正式通過"海外僑生保送回國升學大專院校輔導辦法"，並公佈施行。我們正好是越南西貢第一批申請者。

　　1952年夏，西貢堤岸僑團熱烈籌組代表團，回國參加十月廿一日的全球僑務會議，由總商會長陳敦陞擔任團長，全團五十餘員，正在整裝待發。而我們申請回國升學的公文也適時寄達，因此我們（洪越碧，黃光達，李建基，陳裕勳）四人也便隨團成行。

　　很幸運的是：由於陳裕勳同學的父親陳永達先生協助，我們四個人都能獲得越南政府的同意，核准每人每月自行備款結匯美金伍十元（官價），作為就學生活費，對學生家庭是莫大的補助。我因家庭經濟關係，沒有享受很多，偶而兩三次而已。

　　但去台機票卻因洪根松隨習領事的努力，各界僑領的慷慨，最後也順利募得，我終於搭上這班順風機。隨行回國升學。

　　對於這次贊助機票熱心人的芳名，洪領事從未提及，事後也無機會請示，捐助者芳名無法得知，對洪領事的熱心與各位僑領的義助，無緣表達謝意，只有在此藉表感激。

隨團離越　經港赴台

1952年10月16日上午,越南西貢華僑代表團及隨行四名升學僑生,在西貢新山一機場,在駐西貢總領事尹鳳藻先生及僑領歡送下,登上法航機飛向香港。中午抵達香港啟德機場,加油後再飛台北,於傍晚時分抵達台北松山機場。

僑務委員會派員在機場接待,隨後登車去台北中正路(今忠孝西路)狀元樓飽餐後,送往新北投的台灣省議會接待所度過一宵。

翌(17)日僑委會第二處(處長馮鎬)派孫宏幹科長引導我們四人分途入學:洪越碧(台大外文系),黃光達(台師院數學系),陳裕勳(台南工學院機械系),李建基(台南工學院建築系)。

當年同期分發入學的僑生,越南北部河內,海防兩市、除陳潤正,陳潤桂昆仲早先自行回台升學外,還有林進方、張捷、何麗珊、郜樹蕙、郜樹玫姐妹和龔金鎮等多名僑生。

其他國家如馬來西亞,星加坡,印度,印度尼西亞,菲律賓等地,,都有錄取來台入學者,這在當年國際局勢低迷中,海外僑生踴躍回國升學,確定是空前創舉。而在港澳地區則是採取就地考試,按成績志願分發。爭取港澳學生來台升學,每年約近千人。

相對於當時中國大陸,正在上演唱三面紅旗、三反五反,弄得污天黑地,民不聊生。僑鄉、僑眷,及早期回國

隨團離越　經港赴台

僑民、僑生。更是摧殘備至；求生不得，返僑居地無望，苦不堪言。能有機會來台升學，是普世佳音。

　　自 1952 年後，海外僑生回國升學人數直線上升，吸引僑胞、僑生來台絡繹於途，這股神奇的吸引力，引起美國政府的重視，從 1955 年副總統尼克森訪台，到 1960 年艾森豪總統來台訪問。對政府的僑務政策，益形重視。大量撥款支援僑教經費（美援僑教）。不但補助海外僑生來台機費及生活費，更為收容僑生升學的各大專院校，透過教育部分配美援專款，因此增建校舍及增添教學軟體設施。在中華民國教育史上增加無比活力而蓬勃發展。

入學師院　接受教育

1952年10月17日，我向台師範學院報到，當時開學上課已逾月半，也將進入期中考。由於數學系課業超前，無法趕上，甚感吃力痛苦。這時想起在離越行前向容老師告辭，容師知我選讀數學系，不經意表示：既讀師範，何如念教育。由是頓萌轉系的念頭。先向教育系系主任劉季洪請准。繼而向數學系系主任管公度請退，都蒙允許，最後並獲院長劉真批准。終於改讀教育系。時間已進入期中考，臨急匆促應試，成績那有好的。

勉強熬過第一學期，進入寒假，台省同學紛紛回鄉渡假，宿舍頓形冷落，我們這些海外僑生，格外孤單，好在我們越南僑生之間，平日都有往來，此際噓寒問暖，互相呼應照顧，解除了第一次遠離家庭，孤獨自處的心理寂寞。

圖說 3 西元1952年，肄業台北師範學院時學生照。

越南政府的出境條例中，規定出境者必須在同年年底前回越，否則撤銷入境。我們初來乍到，沒必要趕回去，寧可在畢業後再定回程。因此東南亞僑生及港澳學生，都無限制的自由決定行程，只有越南僑生才別無選擇留台自處，也更感無奈。

入學師院　接受教育

　　當時的教育部次長高信，及僑委會委員長鄭彥棻有見及此，特別在農曆春節期間，在家設置茶點，款待我們這些回不了家的僑生，為時雖短暫，點滴暖心頭。

　　此後更推行僑生師友聯絡網站，請熱心的政府官員分別認同若干僑生，逢年過節到其家中歡敘。我和彭真興及馮淑英三人，便蒙黨國元老馬超俊夫婦接待。歷時兩年之久。隨後因僑生人數益增，無以為繼而逐漸作罷。

參加黨團　拓展視野

1953年初，台師院英語系學長伍立成君引荐我參加中國國民黨。這年二月獲得黨證，正式成為中國國民黨黨員，也是我參與中國政治活動唯一政黨，六十年來，始終如一，歷經李登輝，陳水扁兩次政局變化，迄未改變。

入夏，與班上同學參加金門戰地勞軍服務，實地體驗大陸敗退後，駐守金門戰地國軍的堅毅與克難的生活。我被指定向國軍戰士報告海外僑胞愛國敬軍的熱忱，(當年不少海外僑胞組團回國勞軍，或參加介壽盃籃球錦標賽)。也對駐守前線國軍戰士的英勇抗敵表達敬意。

第二學年開學伊始，中國青年反共救國團，在蔣經國主任振臂高呼之下，以"時代考驗青年，青年創造時代"為號召，於總統　蔣公華誕(十月卅一)日，成立總團部，各大專院校也紛紛成立分團，同時勵行軍事教育及管訓，總教官兼任副訓導長，訓導處生活管理組由教官主導，並實施軍訓科目課程與訓練。

1954年的三月廿九日青年節，在台北三軍球場舉行北區大專青年學生參加救國團宣誓活動，由蔣經國主任親臨監誓，場面非常熱烈。此後每年寒暑假，均由救國團宣布設立戰鬥營活動，引導青年走向戰鬥生活：如探索自然、服務社會。更輔導青年參與國際青年聯誼活動，蔚然成風。對當時蓬勃的青年活力，是一大推動力。

參加黨團　拓展視野

　　這（1954）年夏，我參加霧社青年戰鬥營活動，飽覽埔里群山，深感大自然的魅力，也吸收霧社山地同胞（原住民）當年奮勇抗拒日軍暴力的忠烈精神。這些活生生的教材，是書本上學不到的，而當下卻是實實在在的體驗。

創設組織　展開服務

第三學年（1954）第一學期開學，台師院就學僑生日眾，已達籌組獨立社團人數，我向訓導處課外活動組遞表申請籌組"台灣省立師範學院華僑同學會"，獲准成立。並蒙同學們厚愛，推舉我為成立後首任總幹事，為在校僑生服務。並代表本會向僑務委員會僑生輔導室（主任黃烱第）申請登記為僑生社團，爭取補助經費。展開會務活動。

首先籌辦僑生刊物，以"僑聲"雜誌型態出版月刊，每學期出版四期，報導僑教政策及僑生活動。這時美援僑教專款已分別撥到教育部及僑委會。教育部以分發僑生人數，按文理工農醫法不同等級，分撥各大專院校運用，以拓建教室宿舍，及擴充教學設備為主。僑委會則以招攬海外僑生來台，及改善在台僑生就學生活為輔。僑委會為改善在台就學僑生生活，對部份清寒僑生提供經濟補助。分甲（150元）乙（100元）及丙（50元）三級按月撥發到校轉發，我也曾接受丙級（限師範公費生）補助。

1955年夏，第三學年結束，漫長的暑假才開始，我和王啟槐（台大政治系越南僑生）等人聯合向僑委會提出回越省親申請補助機費，竟蒙核准，但不是個人補助，而是以包專機處理。我們向當時民航公司（CAT）申請提供專機，也很快獲得同意。因而順利成行。

行前會議，我被推舉為領隊，便於當年八月成團出發，奔向離別越南三年沒省親的行程。抵西貢新山一機場，西堤華人報章大幅報導，振奮僑情，被譽為西堤僑民教育空

創設組織　展開服務

前創舉。（也是唯一創舉）

　　分隔三年而復聚，在感情上是愉快的。欣喜之餘，我這個領隊，有責任在公開場合，向在學僑生宣揚政府德意，也勉勵高中畢業學弟們，勿錯過回台升學機會。（這年九弟光明來台升學台大）

　　個把月時光，轉眼即逝，分離是痛苦的，為了學業延續，於九月初重返國門，邁入個人大學生涯最後階段。

畢業返越　服務僑校

1956年六月五日，台師院升格為台灣省立師範大學，院長劉真轉任校長，我也在此時修畢全部課程與學分，順利畢業，獲授教育學士學位。

圖說 4 西元1956年，台灣師範大學升格，與劉真校合影。

七月初向越南駐華公使館申請返越簽証，都未獲同意，最後改以回越探親名義獲准短期入境，只能接受，徐圖改變。

在此之前，僑委會已事先與越南堤岸穗城中學商議合作協定，委託穗校籌設三年制僑民師範科，招收初中畢業生20名入學，授予一般高中課程兼及教育專業科目，在學期間免收學雜費，及享有全學程書籍供應，每年師資名額兩員，逐年添加，教師職薪，全由僑委會編列經費，按期

畢業返越　服務僑校

撥匯到校支付。

　　穗校校長李其牧先生，首先便接受我和李建基（李校長之子，同年成功大學建築系畢業）回越充任這項專職。也解決我們回越就業的問題。對我而言，更是喜從天降。

　　八月中，我和李君向僑委會取得回越單程機票，即便聯袂啟程返越。抵達後，蒙李校長約

圖說 5 西元 1956 年六月畢業

見，當面致送教職員聘書，我才知道被委任為穗校訓導主任兼師範科主任。對一個初出校門的新雛菜鳥，毫無實際教學與行政經驗，卻在西堤最大華僑學校中，被委予如此重責大任。要非李校長信任，那能一蹴可幾。我是抱著敬謹慎微，臨淵履薄的心情，接受這份難得的工作。

圖說 6 西元 1957 年，越南堤岸穗城中小學附設師範科，師生合影。

為了展開師範科課程，在第一學年開設教育概論、教育心理兩科，二三年級以後再開設其他教育科目。預期由以後台師大畢業回越的學妹接充。三學年下來，以六名專職教育師資，指導六十名師範生，長此以往，不斷為西堤僑校培育初級師資，為僑教歷史，拓展新頁。

穗校本具龐大資源，家大業大，難免引人覬覦，董事會更是位高權重。校長去留，全憑董事會人事票決，若非融合，到期不續約即換人。李校長卻在四十六學年度（1957）中，第一學期結束後，斷然拂袖而去，顯然是不愉快的結局。接任的是任奇達先生。

第二學期新董事會成立，氣氛丕變，校內同事人心惶惶，彼此之間，缺乏真誠相待，形同分裂。

越局變化　接運僑生

　　1957年的越南政局，自吳廷琰由美返越，挾其擁美自重，不但排除法國殖民勢力，更推翻了阮氏（保大）皇朝，出任越南共和國首任總統，推行全面越化政策；凡土生華人均需入越南籍，不從者須離境。僑校也全面越化，改換越南校名，增加越文鐘點課程，校長要由越籍人士出任。引發全體華人恐慌。群情激動，紛紛請求我政反應。甚至不惜撤僑，以示抗議。我政府雖表抗議，但越南政府以內政問題拒絕。

　　各華校青年學生更加反感，要求自救，各自登記回台升學，要求我政府派機來越接運回台。在此僑情激動，民情高漲的氛圍下，政府不能漠視，撤僑是不可能的，為了安撫人心，只有派機來越接運僑生回台升學以降溫。

　　1957年七月，政府派了三架民航機飛臨西貢，把部分登記完成的越南僑生約百餘名，從新山一機場接運回台北。成為當年護僑一大盛事。

　　我的弟弟光顯和光發，妹妹淑蘭三人，也在這股浪潮中，被湧回台灣，與其他同學由政府安置國立華僑中學（台北板橋），或成立國立道南中學（台北蘆洲）以廣收容。他們從初中到高中，一律住校，並享受政府全面公費，直到高中畢業離校。更而各自報考公立大專院校，錄取後繼續享有越南僑生公費，直到畢業。政府對於接運回台的越南僑生，從始到終的照顧，不遺餘力，真是仁至義盡，值得讚賞。

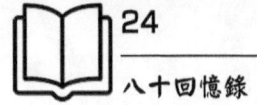

我從新山一機場送走這群去台升學僑生,(包括我的弟妹)。我心想,在抗越的情潮下,我還能在西堤停留立足嗎?

其實這一年以來,我的臨時居留,只能延長一年,眼看時局動盪,穗校因人事變遷,校務改組,沒談續聘的事。無可奈何之下,順著這股撤僑的浪潮,我也鳴金收兵,與李建基君同進同退。回想年前聯袂回來,共獻心力,而今黯然離去,感觸良深。

相較之下,另一位同時返越南西堤服務僑校的陳潤正君(台大北越海防僑生)。卻仍在多方設法,居留下來,屹立於當時的越南亂世中,執掌僑校。其後結婚生女,十餘年而不退,直到越南淪陷,於 1975 年,與老友劉鏡生君同船偷渡去美國,陷身關島,幸被美國及加拿大政府以人道收容,分赴美國紐約及加拿大溫哥華,他倆的堅毅和勇敢,為僑教奮鬥到最後一刻,才值得誇讚。我政府應不吝表揚。

1957 年八月,我再度離開越南,經香港時,我停留下來觀察。當時正值大陸同胞逃難浪潮,大批難胞湧進香港,真的前仆後繼。香港政府也開放接受逃抵香港的難胞,辦理居留證。我也乘機混在排隊行列中,順利取得一紙黃色的居留證。也算是無心之得,但以後也派不上用場。

在港停留個把月,九月即改搭港台渡輪(四川號)回到闊別一年還不陌生的台北,卻面對陌生的就業環境,我已錯過台師大分配教學的時刻,何去何從?甚感徬徨。

剛好法人團體僑政學會蕭次尹先生編校僑政叢書,需人協助,暫時安置我這份臨時工作。

任職教部　初入仕途

　　同年九月，台大政治系畢業的越南僑生陳潤桂，考取台大政治研究所，並服完預備軍官役，利用空檔，在教育部高等教育司兼臨時職。便引荐我出任，我當時並未具公務員任用資格，便以額外科員充任，從此進入仕途。

　　當時教育部長張其昀，政務次長吳俊升，常務次長高信，高教司長施建生，科長李鼎元。我的工作是協助李科長辦理僑生回國升學審查分發的工作，相當繁重。但既為僑生服務，我也樂此不疲。

圖說 7 西元 1961 年，越南堤岸知用中學在台校友，校慶聯歡。

1958年，中央政府為疏散台北市密集機構，各自疏散部分單位下鄉，教育部有些單位便借用國立政治大學木柵校區臨時辦公，並同時整編簡化。我被改派總務司（司長高化臣）出納科（科長雷震邦）。辦理國立大學申購國外器材，轉請行政院外匯貿易審議委員會核給外匯。後來簡化各校自行申請，工作反而輕鬆。

當時的越南，自吳廷琰總統被暗殺推翻，政局很不穩定，越共勢力乘機坐大，地下份子常藉機進行暗殺恐怖活動，僑社反共中堅人士如逸仙校長簡繡山，知用校長唐富言，知用教師方行（曾為中國大陸災胞救濟總會理事長，及世界反共聯盟總會主席谷正綱在越訪問時擔任英文翻譯），都先後被暗殺成仁，造成越南僑社極大震撼。

我們在台知用中學校友會，曾為唐校長殉職舉行追悼會，以誌哀思。

自改編總務司出納科後，看似不務正業，但工作表現上反而獲得上級賞識，得到正式補實，（不再額外），成為教育研究委員會幹事，派回高教司，重新接辦僑生分發入學的工作。司長換了姚淇清（後升常務次長，外派駐聯合國教科文組織常任代表）。

在教育部供職六年餘，部長從張其昀，梅貽琦到黃季陸，可謂三朝元老。更有趣的是我曾為三位部內同仁結婚時，擔任男儐相，也可謂三任伴郎了。

這六年來，大專畢業僑生不少，大多返回原僑居地發展，成為海外僑社的尖兵，有很大的發展潛力。只有回不了的才留台服務，人數也不少，為了聯絡，我和在國民黨中央委員會第三組服務的王啟槐（台大政治系越南僑生），

任職教部　初入仕途

鍾廣興（政治大學新聞系畢業印尼僑生），古嬌珍（台大畢業，印尼僑生）籌組"留台畢業僑生聯誼會"。在國際學舍（台北市信義路）成立，共推蘇玉珍（台大外文系畢業印尼僑生，時任中央日報記者）為理事長，終因各忙各的，最後也煙消雲散。

圖說 8 西元 1962 年，留台畢業僑生聯誼會成立大會選出幹事

遠適非洲　服務僑校

1963年初，葡屬東非洲莫三鼻給（MOZAMBIQUE）卑拉市（BEIRA）中華會館所屬華僑學校，需徵聘教師兩員，由於工作關係，業務上常與僑委會第二處僑民教育科往來密切，處長黃烱第先生徵詢我有無意願。

雖然工作被看重，但因兵役問題，滯台已屆六年最高期限，必須離境或服役，而弟妹四人在學，雖有越南僑生公費，但日常生活零用，也是一筆開支，僅靠我一份微薄職薪，斷難為繼。僑校提供的職薪，約近120美元，折合新台幣也有4800元，比部發職薪千元上下，頗有差距，雖然遠去異國，萬里投荒，我還是決定接受了。我把能留下來的積蓄，及僑校提供給我的旅什費，都交待給七弟光顯，只帶著小量美金作為旅途打點。

行前我向教育部請准以留職停薪一年，保留後退之路，並向常務次長姚淇清申請贈送部編"中華叢書"百餘冊，作為轉贈僑校見面禮。並於行前付郵交運。

為了應付生活環境，早前也向台北市拉丁協會所辦葡萄牙語文補習班學習三個月，以資適應。

僑校原以來回船票作為迎送交通工具，我因要順道回越南西貢探親後再奔前程的需求，要求改乘航空班機，僑校也同意了。而另一位應聘的徐念苹小姐（私立東海大學中文系畢業）。卻依原訂行程，提前乘客貨郵輪自行先發。

遠適非洲　服務僑校

　　1963年五月，我離台飛港，置備行裝，再續飛西貢，以償離開六年思家之念。兩週後續飛泰國曼谷，換乘英國航空BOAC班飛黎巴嫩，抵達時天剛放亮，乘航空公司班車進城，欲探訪駐黎巴嫩大使館的越南僑生饒立漢同學（知用校友）。卻因未上班而未晤，誠憾事。午後再續飛希臘雅典，黃昏前跟旅行團，造訪山上的亞維農神殿及競技場古跡。這是我第一回踏上歐洲邊緣的土地，吸嘗地中海的氣息。

圖說 9 西元1963年，遠適非洲，途經希臘雅典，亞維農神殿古蹟前留影。

圖說 10 西元1963年，遠適非洲，途經希臘雅典，亞維農神殿古蹟前留影。

一宿易過,翌日續飛英屬羅德西亞(RHODESIA)首府蘇士比利(SALISBERE),停留一晚。次日改乘小飛機,直飛葡屬東非洲莫三鼻克卑拉市。

中午前抵達,中華會館主席容學英,僑校校長朱日東先生率師生均來接機,比我先抵埠的徐念苹老師也在列。

圖說 11 西元 1963 年,葡屬東非洲莫三鼻克卑拉市華僑學校師生機場迎接。

安頓妥當後,次日即加入授課行列,朱校長介紹原先在校的鄺雲明,羅沛文及陳鏡湖三位教師認識,並分配各年級教學任務。六人各領一級,再按科目分別插入施教。

東非僑校　多元經營

　　僑校原以廣州話教學，卻希望新來老師改用國語，但硬性介入沒效果，便改以各半方式，輪換轉折，混合進行，徐圖改進。

　　依照葡國海外殖民地教育政策，小學四年中學六年，而我們僑校是小學六年，兩個不同的小學制度，僑校是先中而後葡；把一二年級（約六七歲）安排全日制上中文課程；三年級至六年級（約八至十二歲），上午授中文課程（單級教學。）下午授葡文課程，四個年級分成兩班（複式教學）。另聘兩員葡文教師，分別授予葡文小學四年課程。

　　因此在僑校上午授中文，下午授葡文，並行不悖，入學六年後，成績及格，分別取得中葡文小學畢業證書各一份。深獲僑胞家長認同，紛送子弟來校入學，故能維持固定學生人數在學（約百二十人）。僑教賴以維持不墜。

圖說 12 西元 1965 年，葡屬東非洲莫三鼻克卑拉市中心圓環。

僑校空有宏偉校舍，除六個教室外，五間教師宿舍，二樓還有寬敞的大禮堂，提供僑社或僑民喜慶活動。但財務空虛，沒有收入，純賴學生所繳學雜費維持，支付教師職薪及工友兩名工資，經費僅足維持過渡，難求發展。

為了拓展經費，每週末在大禮堂放映港製粵語電影。賣門票增加收入，後來轉新一代青年加入董事會，引進港台製國語大片，如"啞女情深"，"獨臂刀王"及"珊珊"等名片，不但為僑胞大開眼界，也曾在當地電影院上映，吸引主流人士青睞。

此外每年雙十國慶，僑胞都熱烈慶祝，早在半年前即已籌備演出自導自演的粵語話劇，或廣東大戲：如"寶蓮燈"及"梁祝恨史"。大鑼大鼓的演出，我也曾粉墨登場，搏得僑胞熱烈支援，紛紛購票入場，增益收入。

除公益籌款之外，政治宣導活動，也應時進行，如國父百年誕辰，蔣總統八十華誕，都有大量文宣報導。鄰近國家使領館長官蒞臨宣慰僑胞，僑委會高信委員長遠道來訪，我都負責引介，拉近政府與僑胞的距離。

圖說 13 西元 1965 年 10 月 10 日，客串粵劇"寶蓮燈"，燈神一角。

圖說 14 西元 1966 年 10 月 10 日，客串粵劇"梁山伯與祝英台"，馬文才一角。

卑拉市在莫三鼻給東岸中間部位，是僅次首府羅侖士麥第二大城市，華人約有二萬餘人，都是廣東省台山市海宴鄉人，以甄姓居多，操濃重台山鄉音，也能用葡語及黑人土語交流。

圖說 15 西元 1967 年，卑拉僑校師生在慶祝總統蔣公八十華誕壁報前合影。

　　大多經營華洋雜貨及土產，奶茶麵包店及小酒巴。除店面外，另有居處。出入有汽車代步，家用電器除缺乏電視外，一應俱全。市面整潔，交通有序，除黑人較髒亂外，一般人士都是衣冠楚楚，彬彬有禮，儼如小型歐洲城市。

　　華人家庭都專注經營商業，家務都雇用黑人工役，包括烹飪清潔，及老少照顧等粗下工作，工資低廉，生活簡單，一件單衣，一間斗室，不改其樂。而甘為人勞役。

　　華人子弟，除接受中葡文小學教育外，有志青年都再報考葡文高中或高職，畢業後投入主流社會服務，獲得高薪，對家庭舊式經營的生意，無意接手，形成斷層。

改造僑校　從無到有

　　僑校一向沿用南洋版教科書，不合僑情。我便建議改用香港版小學課本，較能接近僑情，對學生回國（省港台）升學，也都易上軌。深獲董事會支持。從此便洽請香港集成圖書公司按期代辦採購，以海運寄送。從不間斷。

　　校內圖書幾乎殘缺不全，既無專款添購，也乏專人經營。我看上學生們口袋不缺零用錢，又嗜零食冷飲。透過董事會同意，協助向當地百事可樂（PEPSI COLA）公司爭取合作，提供冷藏冰箱，按時運送汽水。課餘時間，指定學生自治會輪值學生出售汽水及巧克力。每週收集營業所得，定期結算，獲取盈餘。也利用每週末電影晚會，現場休息時段，供應晚會來賓解渴，收費雖偏高，但來賓也不計較。

　　這樣日積月累，兩年下來，學生自治會積有存款，我便向台灣各大書局收集圖書目錄，選購兒童故事圖書，傳統古本章回小說，當代文藝作品，及當時流行的瓊瑤系列小說。這些台版圖書，都是透過我在台的八弟光發工餘抽空搜集，分批郵寄海運，幸無缺失。

　　在圖書行將寄運達之前，委請木工匠，訂做系列玻璃書櫃，並特別開闢出一專用房間，作為圖書室。書籍寄到後，再分類編目，存放入櫃。五年下來，估計也有五千餘本。除課餘開放學生閱覽。平常日也提供家長登記後外借。這個新增設的圖書室，規模雖不大，卻是無中生有，都是我一手創辦。但如非師生合作，也難有此成就。

僑校原有一架小風琴，閒置已久，我偶而彈弄，尚可使用，課餘學習彈奏國歌，中國童子軍歌，熟練後，配合每週一的週會時伴奏。覺得很有成就。以後便添購一台電子琴，更為生色。

我不是學音樂的人，但也想寓教於樂，如能成立小小樂團，也是一樂也。國內小學流行吹小笛子，我卻喜歡中山琴，音效更佳，更重要的是我能邊學邊教，就這樣我又託八弟光發在台訂購十二台中山琴及三台西鼓。

樂器是寄到了，還沒來得及運用，造化弄人，我要離開，而且再也回不來。這批樂器，後人不知如何運用？以後莫三鼻給政權易手，國政變色，僑校已無人聞問，被當地黑人政府接管，我一手創設的中文圖書及閒置的中山琴，這些中國"文物"，如今安在？

圖說 16 西元 1968 年，卑拉中華會館參加埠慶，演出醒獅。

拓建校舍　更上層樓

　　1966年夏，三年前與我同時到校服務的徐念苹老師，任期三年屆滿，回台省親，再度歸來已不續約，選擇與葡國男友結婚，暫離僑校。幾年後又因應僑校要求，重返兼任教職。但我已遠離非洲，無緣再聚。

　　1969年夏，我在僑校任職已逾六年，（三年前無條件延續）眼看董事會新人輩出，菁英雲集，在新任董事甄會友號召下，甄沃坤，余國俊，馮配文，馮配武及甄遇弟等人通力合任，群策群力，協同改造董事會，老一輩退居一旁，靜觀其變，樂觀其成。

　　甄會友董事長長袖善舞，很有遠見，透過您的人緣，深獲銀行信賴，答應貸款。又向百事可樂公司爭取無息貸款，也獲同意。貸借款用於改建校舍，把僑校樓下教室及教師宿舍全部改建為七間店面，再改建二樓，增建三樓。恢復六間教室及新闢校務處、董事長室。氣勢不凡。

　　主要的七個店面出租後，每月有固定租金收入，用於貼補僑校經費（不必再向外界籌款）。若干年後，貸借款全部償清，以這七間店面的校產租金收益，足可支持僑校所有支銷，（包括教員職薪）。更樂觀的看法，未來還有可能減免學雜費，爭取僑胞送子女入學的意願，使中文教育延續滋長。有朝一日，能免費入學，這在海外僑民教育史上，是首創新頁，史無前例。

返台情怯　客串僑商

在我抵校任教的第二年（1964），在越南西貢的繼母張氏，因病遽逝。兩個月後的七月（農六月初二）中，五哥光榮又因鼻咽癌病故，兩位親人的先後逝去，給我衝擊很大。對留下來的一門八口孤寡，更為懸念。但此際遠隔重洋，只能留在念頭，挂在心頭。

1969 年夏，任滿三年又三年，六年來無怨無尤的奉獻，我終於提出回台探親的要求，獲得新任董事長甄會友的同意，並負擔來回機票。夙願得償，幸何如之。

這年七月，學期結束，我即兼程登機，這時已有噴射客機，兩天一夜直抵泰國曼谷。拜會我駐泰大使館文化參事徐玉光先生（原教育部同事）。蒙接待並派員導遊曼谷名勝。客地情誼，銘感在心。

翌日轉飛西貢，突然歸來，家人都喜出望外，三姐淑群及五嫂區有，撫育六個孤兒艱苦度日，小妹翠菊及美儀，也都自立成長。有了婚嫁對象。

停留西貢期間，與昔日留台老友陳潤正，彭真興，李榮基等異地相逢，喜何如之。尤其見到當年提拔我的老校長李其牧先生，老當益壯，仍為僑教努力不懈，真教我敬佩不已。

在西貢市區，仍可見武裝介備森嚴，（軍用車輛，來往不綴），郊區遺留不少越共偷襲的痕跡，美國大兵留連酒吧作樂，內戰的氣息，瀰漫街頭，人心惶惶，不可終日，戰爭帶來的財富與繁榮，使西貢成為越戰一顆閃亮的明星。

停留一個月後，再度飛回台灣，，九月的台北，熱氣騰騰，世界華商第七屆大會，正在中泰賓館登場。僑務委員會為擴大號召，徵求僑商譚炳達先生代表葡屬東非洲莫三鼻克（卑拉市）出席，我不是僑商，但為了陪同不諳國語的譚炳達先生，我同意共同出席，並獲許代表發言。在遙遠的非洲，我們是唯一代表團。　很幸運有機緣隨團晉見當時的副總統兼行政院長嚴家淦，也在全體代表合照中，與總統蔣公同時出現照片中，留下歷史見證。

隨後參加當年（1969）的雙十國慶活動，也隨團南下參觀三軍官校及表演，在參訪高雄鳳山陸軍官校時，與十妹淑蘭的男友方敦洋（任職陸軍官校）君會晤，印象深刻。

重返東非　再執教鞭

在台停留個把月,與弟妹盤桓不多,因都住校上課。十月慶典既畢,我便啟程回去。過香港時,與新應聘的余達明夫婦(私立中國文化大學美術系畢業)。相約見面。得知一切就緒,互期東非再見。

轉飛西貢,不敢久留,因僑校已開課,兩週後,再兼程直飛東非卑拉,回校繼續上課。

不久,余達明夫婦一家老少四口到校,余君夫婦投入執教行列,陣容更盛。但此時朱校長日東年事已高,體弱多病,不久即以病故。董事會改聘我接任校長之職。校務照舊,課程更動,一切如常進行,而新校舍改建完成,給人氣象一新的感覺。教師同事,合作無間。

卑拉市中華會館(華僑學校董事會)全部董事清一色是男性,從未有女性出席,(全球各地中華會館想亦然矣)。女僑胞卻另闢天地,自行組織華僑婦女會,負責人從余黃翠雲到甄葉慧娉,都很熱心會務。好幾次活動,我都被邀列席協助,所以彼此間,頗多互動。

有一年擴大慶祝婦女節,特別舉辦中華婦工展覽,借用僑校教室三間,把各個家庭主婦手工傢飾,服裝,及古典衣物,配合我帶去的中國字畫,倒也顯得琳瑯滿目,吸引不少中外來賓。

卑拉市華僑青年都喜好籃球活動,工作餘暇或假日,都在僑校籃球場練習。早年只有一個東華體育會,好手集

中,參加當地社團球賽,常常奪魁,列為甲組勁旅。後來老一輩鬧意氣,另行組織南華體育會以為抗衡,好手分散,力量便不集中。而且彼此不相容納,壁壘分明。非洲東南岸的華人社會,常藉切磋籃球技術聯誼,利用復活節假期,輪流作東召集各地區華人籃球隊前來參賽。

1970年的四月復活節期間,我有機會隨同以南華體育會為主力的籃球代表隊。在甄會友主席的領導下,包了一輛遊覽車,沿羅德西亞,直抵南非聯邦(共和國還未誕生)的約翰尼斯堡。曉行夜宿車上,共走了十六小時才抵目的地。跨足三國公路,也算大開眼界。

1971年余達明夫婦及羅沛文老師相繼約滿離校。僑務委員會派李福興老師(台灣師範大學英語系畢業)來校接充。包括原任酈雲明及陳鏡湖老師和我,共四員教師,負責中文小學六個年級教學,甚感吃力。尤其我滯留原地長達九年,此際頗覺心疲意冷。不等續約三年期滿,藉口回台結婚,便於1972年冬請假回台。

董事長甄會友仍極力挽留盼續約,並預發聘書給我的未來妻子劉錢喻,期待我倆婚後聯袂同來。盛情可感。

1972年聖誕節前三天,我把校務交待給董事馮南先生。私事交託甄沃坤兄,便啟程直飛泰國曼谷,因未具越南過境簽證,不得其門而入,錯過入西貢與家人相見,改飛香港,在香港度過聖誕節後再飛台北。

回台結婚　任職北醫

1970年初，承八弟光發函介其同校（台北市立明德國中）同事劉錢喻小姐（國立台灣藝術專科學校編導科畢業），相知相識，通訊兩年，也不知情緣是否有定，便執意先回台瞭解，以免錯過機緣。

圖說 17 西元1973年，與未婚妻劉錢喻婚前合照

聖誕節後回到台北，急不及待的約會，展開愛情大追逐。我本有心，蒙她不棄，並獲得她母親的首肯，終於兩情相悅，底訂終身。

1973年元月廿四日，先在台北地方法院公證處登記結婚。再於元月廿八日，在台北僑聯總會金山廳設宴款待雙方親友，宣告結婚。

回台結婚　任職北醫

婚後當我提出雙飛回非洲任教，內子卻遲遲未應；一來老母在堂，二來東非實在太遙遠。我不便相強，姑且先憑僑校聘書辦理出國任教的護照，再看今後局勢而定行止。

圖說 18 西元 1973 年元月廿四日，在台北地方法院公證結婚

1972 年七月美國總統尼克森訪問中國大陸，引起全世界驚訝。中共坐大，引起西方國家側目。連非洲國家也蠢蠢欲動，莫三鼻克的葡國殖民政府也鎮壓不住，醞釀獨立。

當地華人,紛紛出走巴西,葡萄牙,澳門。我若此際回東非,實屬不智。經過深思熟慮,終於放棄了雙飛回非的念頭。(雖然內子的護照也辦妥了,也只好作罷。)

　　蒙教育部前長官雷震邦先生的推荐,讓我在私立台北醫學院謀得一席課務組主任之職,並兼任講師,授五專中國地理及大一中國通史。

　　當時北醫院長徐千田博士,與董事會不和告退,由黃金江博士接任。我也由課務組主任轉任註冊組主任。三年後黃金江又退出,由謝孟雄博士接任。我也調任僑生輔導委員會總幹事,成了閒差事。

　　最後我也被資遣,結束七年私校教職生涯。

　　期間長女孝民(1974)及次女孝君(1977)已先後出生。黃氏第廿五世後的子女,在台誕生,第廿六世在台延續。我們兄弟成了遷台分支始祖,豈非天意。我們也有了自己的房子,座落台北市北投區石牌,一家四口,其樂也融融。

圖說 19 西元 1974 年,初獲長女孝民

國家俱變　重新再起

　　1975年的四月五日,先總統蔣公崩逝,全國上下哀慟欲絕。幸得嚴家淦,蔣經國兩位繼任總統,領導國政,始終莊敬自強,處變不驚,開啟了後來的十大建設,在李國鼎、孫運璿及俞國華三位輔政之下,使台灣經濟起飛成為亞洲四小龍之首,台灣轉危為安,令世界刮目相看。

　　同年的四月卅日,越南西貢的阮文紹政府,在美國舉國厭戰情況下,全面淪陷,南越陷於兵荒馬亂,華越人士都四出亡命,渡海逃生。當時即流行一則傳言;假如電線桿有腳,也會選擇出走。

　　四哥光耀的兒子家柏,家駒,至今生死不明。五哥光榮的兒女德青,德全,先後偷渡馬來西亞成功,經過一年的集中營生活,蒙美國及加拿大政府,分別以人道收容進入美加兩國,以難民身份接受兩國政府補助,從入學而至大學畢業,又從畢業而至就業。有了經濟基礎,再接引其母弟妹三人遠離越南苦海,來加拿大團聚,重新生活,結婚生子。黃氏第廿六代傳人,在美加開枝發葉。第廿七世子孫黃韶豪也在2004年在美國舊金山出生,正快樂成長中。

服務政大　勝任愉快

1979年七月，我離開台北醫學院，轉任僑務委員會（委員長毛松年）僑生輔導室臨時工作，沉潛大半年。

1980年三月，國立政治大學（校長歐陽勛）訓導處（訓導長閻沁恆）僑外生輔導室主任張沂，行將屆齡退休，引荐我出任訓導員之職，幸蒙見納，隨即上任。主任一職，留待在韓國成均館大學講學的李崇遠副教授回國後接任。

1981年三月，幼子孝中出生。三姊淑群也從越南西貢接運來台依親。與我們弟妹團聚。恩師容宜讓偕師母葉寶珠也投奔台北，度過晚年。

為了我工作方便，我們遷居台北市文山區木柵，鄰近政治大學。三個小兒女，也在政大附設小學及幼稚園就讀。倒也適宜，只是苦了內子錢喻，累她早出晚歸，往來士林木柵之間，擠公車耗時兩小時。真苦了她。

在木柵住了三年，長女孝民面臨升國民中學壓力。在木柵鮮有補習班，為了解決兒女未來升學問題，我們舉家又從木柵遷回士林區。既解決兒女課餘補習問題，也方便了內子就近在士林國民中學上班。這回換了我早出晚歸。為了解決交通問題，我們買了一輛雷諾轎車，也是我生平第一輛新車。

我在國立政治大學服務，前後共十四年（1980-1994）。歷任校長歐陽勛，陳治世，張京育，鄭丁旺。訓導長閻沁恆，楊逢泰，張春雄，林恩顯。僑外生輔導室主任張沂，李崇遠，鄧中堅，邱坤玄。均蒙信賴倚重。並與李元民，李德惠，侯麗貞，陳媛英，張燕燕和諧共處，至感愉快。

重返故鄉　初踄美西

內子的大姊劉錢水女士，原在中國青年救國團所屬台北學苑工作，卻興起去美國尋夢的念頭。

1983年，劉大姊獨自一人，離家去國，遠飛美國東岸新澤西州。幾經艱苦奮鬥，也嚐遍寂寞孤獨，幸而獲得基督教會的協助，藉著聖靈的指引，受洗成為虔誠的基督徒。憑著堅定的信仰，過人的毅力，終於找到一份固定工作，有了穩定的收入，把丈夫張興亮及女兒接到美國，在新澤西州愛迪生市（EDISON N.J.）重建美滿的家庭。完成她的美國夢。

由於愛是不自私的，錢水大姊也鼓勵我們把兒女送去美國唸書，免除台灣升學的壓力。我們接受她的好意，也思考今後人生規劃及行程動向。

1990年七月，我們計劃送長女孝民去美國讀書的當下，全家先來一趟大陸探親遊，讓孩子們沐浴於祖國故鄉河山之旅。

當時台灣已開放大陸探親，來往台灣大陸探親人士不能直航，都須取道香港，往來絡繹不絕，但在時間上，卻是大陸六四天安門事件之後的一年，傷痛之情猶未已。而我們卻是滿懷喜悅，抱著法治的安全感，和民主的光榮感，回到我離開半世紀的故國原鄉。

這是我們全家第一次出國門（離台），先到香港遊歷三天兩夜，乘廣九鐵路火車進入大陸，直抵廣州。走出火車

重返故鄉　初跋美西

站外，擁抱五十年不見的大姊利歡和二姊艷歡。喜悅多於傷感，真不知感慨之何從了。

在廣州留連兩天，參觀中山紀念堂，粵秀山，黃花崗七十二烈士墓等名勝。

又到睽違五十七年的故鄉－新會市，在故居參拜祖先，又登山祭祀祖墳，也暢遊故鄉名勝－叱石岩，小鳥天堂，梁啟超紀念館等地。

五天裏親友相見，我們都被視為幸福的一家；因台灣經濟起飛，成為亞四小龍之首，誰不欽羨。

圖說 20 西元 1990 年，初抵國門遊廣州市粵秀山五羊公園

圖說 21 西元 1990 年,廣州市黃花崗憑弔七十二烈士墓

　　回程取道中山市,瞻仰翠亨村的國父故居。進入澳門,與昔日葡屬東非華僑老友余神佑,甄會友,甄沃坤,馮配武,甄榮壽與余玉芝等重敘,恍如隔世,喜出望外。

　　停留一宵,翌日乘飛翼船回香港,重返台北,改搭聯航(UA)班機,取道韓國漢城,直飛美國海外領土夏威夷州。"檀香山芭蕉風味,平波大海,沖瀉了我心胸神意",這是詩人徐志摩的詩句,如今親身體會。真令人流連忘返。雖然只有一日停留,但島上充滿自由開放的氣息,也令人

重返故鄉　初跨美西

心曠神怡。

　　翌日續飛南加州的洛杉磯，蒙當年東非友人甄兆強夫婦接待，他的三個弟弟兆倫，兆俊，兆雄，當年都是我教過的小學資優生。今日學業完成，立足異域，各有專業成就。如果不是遭逢政治變化，他們也許只是葡國殖民政府底下一名文員，那能如今日在美國政府培植下，發揮所長。

　　這幾天蒙兆俊帶領我們遍遊狄思奈樂園，環球影城後，再續飛舊金山。見了久別重逢的大姪子德青；他是越南渡海難民，被美國政府以人道收容，從明尼蘇達州立大學畢業後，轉赴加州舊金山發展，憑其勤奮與節儉，有了車子房子，已站穩腳步。其後結婚生子，開創我黃氏第廿六代子孫在美西開枝發葉的新局。

　　在那停留的幾天，重會昔日東非僑校同事徐念苹老師，也與東非僑校學生甄小華，甄小虹，甄小莊三姊妹會面。真是天涯何處不相逢。

圖說 22 西元 1990 年，途經美國舊金山，
與前東非僑校教師徐念苹，學生甄小虹，甄小莊重會。

遍遊美東　兒女留學

美西之遊既畢，繼續東飛，橫越美國本土，直抵東岸新澤西州 NEWARK 機場，全家五口入住襟兄張興亮座落愛迪生市（EDISON）的房子。一方面為長女孝民辦理高中入學事宜，一方面也遍遊美東各地名勝。

先是參觀普林斯頓大學，羅格斯（RUTGERS）大學，及西點軍校。再而遠去美京華盛頓（WASHINGTON D.C.）參觀白宮及國會，費城的獨立廳，造幣廠。也曾造訪紐約的世貿大樓及時報廣場。自由女神島及尼加拉瓜大瀑布。

更從水牛城進入加拿大，遠去多倫多，在那裏重逢五哥的次女德全姪女，她也是越南難民，逃亡馬來西亞，經加拿大政府以人道收容，在多倫多讀書就業。後來與患難男友王德青結婚，經多年積聚，有了經濟基礎，再接引其母弟妹三人，從越南投奔加拿大團聚，脫離苦海。

這番相逢，恍如隔世，也是此行重大收穫。黃氏第廿六代子孫，從此在加東開枝發展，繁榮滋長。

遊畢千島湖後，重回美國。這時長女孝民入學愛迪生高中手續已完成，我們把她留下來，鄭重委託襟兄張興亮夫婦照顧。然後啟程回台。愛女孝民第一次遠離父母，今後依靠親人，我們仍心如刀割。

兩年後的 1992 年夏，次女孝君完成國中畢業，小兒孝中也讀完國小五年級，也走上同一路線，同赴美東升學。透過錢水大姊的安排，都順利升入愛迪生高中及傑弗遜初中。而且也為了方便，更認養了兩個小兒女，在今後升學及入籍方面，更為容易。這番恩惠，是我們永遠不能忘懷的。

　　此後我們夫婦每年暑假往返美台之間，以慰幼小孤寂的心靈。

置產定居　移民伊始

　　1994年夏，為了負擔照顧兒女在美責任，我提前由政治大學退休赴美。之前長女孝民已主動操作，為我們買下鄰近的 PISCATAWAY 市一幢公寓。把三個兒女接回來同住，由我獨自照顧。既結束三十年公僕生涯，也開始四年海外煮父的生活。

圖說 23 西元 1994 年，美國新澤西州新居

置產定居　移民伊始

圖說 24 西元 1994 年，美國新澤西州新居

　　唯一留在台北，孤獨自處的內子，這時才體會空巢的況味。還好她一向夠堅強自信，獨立自持，淡定度過了四年：這段隔洋相望的日子，靠著魚雁頻傳，電傳資訊，以資慰籍。每年暑假，她便遠來美東團聚。要不就是我在美東居留屆滿，也趁機回台與她相聚，彼此成了空中飛人，往返台美航班上。

我們何嘗不企望長住久安，無奈美政府移民局設定規例，投資城市，美金百萬，城鄉市鎮，也要五十萬，換算新台幣成了天文數字，豈是我輩退休公務人員所能企及。

　　1995 年夏，我由美國回台探視內子，在一個偶然場合，參加台北鵬程公司的加拿大魁北克移民說明會，身份與經濟條件均符合需求，我們抱著希望嚐試突破，便簽訂約。

　　1996 年夏，我們在長女孝民陪同下，順利登陸加拿大魁北克滿地可市（MONTREAL），登記取得加拿大居民身份。

　　1998 年七月，內子深感個人流落台北，未能陪同孩子成長，引為人生一大憾事，在孤獨四年後，也提前退休來美，共同生活在一個屋簷下，享受海外天倫之樂。

　　此時長女孝民已完成大學教育，獲得州立 KEAN 大學電腦、數學兩個學士學位，次女孝君也進入州立 RUTGERS 大學修習統計學及經濟學雙學位課程；小兒孝中也升上 EDISON 高中。兒女的成長，我們也引為驕傲。

置產定居　移民伊始

圖說 25 西元 1994 年，入住美國新居

圖說 26 西元 1994 年，在美國過第一個聖誕節

北藍南綠　政黨輪替

台灣政局動盪，自1994年起，在台北市已首露端倪，她是締造全台首波政黨輪替的城市。當年中國國民黨內部分裂，現任市長黃大洲，與出走另組新黨的趙少康，分庭抗禮；和民進黨的陳水扁，成為三雄競爭之局。造成陳水扁漁人得利，這是國民黨在地方選舉上首嚐敗績。

但在四年之後，台北市民拋棄陳水扁的連任，選舉國民黨新星馬英九出任市長。此後十六年，由馬英九而郝龍斌，或許更久遠？民進黨始終無法奪回台北市長寶座。

相對於南台灣而言，高雄市也自吳敦義見敗於謝長廷後，民進黨勢力日漸滋長，國民黨節節敗退。謝長廷之後，陳菊繼起接任，從此南台灣成了民進黨的天下。

中央政府自1996年，原任總統李登輝，以直接民選再度連任總統。任期四年。前後共十二年，是中華民國歷史上，除先總統　蔣公外，任期最久的總統。

2000年，李總統任期屆滿，連戰與蕭萬長代表國民黨出馬競選，國民黨內部分裂擴大。因廢省宋楚瑜出走獨立參選與中央抗衡。造成民進黨陳水扁與呂秀蓮以未過半數登上總統大位。這是中央政府第一次政黨輪替。

四年後的2004年，連戰與宋楚瑜合作，再度挑戰陳水扁與呂秀蓮，因"319事件"，以兩顆子彈而落敗。國民黨再嚐敗績，中央政府重陷民進黨執政。

北藍南綠　政黨輪替

　　2008 年，馬英九與蕭萬長，獲國民黨擁戴，與民進黨推舉的謝長廷和蘇貞昌，共同角逐總統大位，國民黨大獲全勝，成為中央政府第二次政黨輪替。

　　2012 年，馬英九總統再度競選連任，這次換了副手吳敦義，聯袂共對民進黨的蔡英文與蘇嘉全。國民黨再度獲勝。蟬聯公民直選第五任總統副總統。

　　新興的五都：台北市、新北市、台中市、台南市和高雄市。2010 年初度出現前三者屬藍，後二者屬綠。2014 年再度洗牌，勝負未卜。

　　公民直選的第六任總統副總統之爭，也將於 2016 年三月登場，鹿死誰手？不在本文之內。

　　以上引述年來台灣地方與中央政局的變化，令人一則以憂，一則以喜：憂喜隨之起落。　國父說"政治是管理眾人的事"。你可以不理政治，政治卻可管你，生在這個時代，總不免受時代的洗禮。在時代的洪流中翻滾，不能不沾染時代氣息。這是我在本文中常引述當前時代背景，以襯托身在其中的我，是如何過來的。我曾是這個時代的過客，雖沒能改變這個時代，卻曾經歷這個時代。如何順時而行？庶幾不落於時代之後，（俗稱落伍），這是我深自警惕的。

初臨加西　安度晚年

我從事公務三十年後，於 1994 年自政治大學退休來美東，陪同兒女生活成長，長達八年。

在美國過退休生活很安祥，由於年齡及學識，我們頗能適應，卻無能發展。我們雖能安於現狀，卻無法長久居留。在美國投資移民，不是我軍公教退休人員財力所能負擔。所以才選擇走向加拿大便捷之途，而且順利搭上線。

正如前述，1996 年 7 月我們登陸加拿大魁比克省滿地可市。但尚未正式移居，只能算客居落籍。但經不起同屬越南知用校友，台師大同窗李曉薇和她丈夫張介曙的遊說，並邀約我們夫婦同遊溫哥華，以實際了解加拿大政經社會情況，及溫哥華的僑社風土人情。

加拿大東岸的魁比克省滿地可市，充滿法國情調。安大略省的多倫多市，是華人眾多的工業都會。我們都領略遍了。這回遠去加西的溫哥華，卻是生平第一遭。

2000 年七月，我和內子及次女孝君應李曉薇夫婦之約，自美東飛赴加西溫哥華，遍遊卑詩（B.C.）省內的湖光山色，也接觸大溫哥華這個多元社會，各族裔自由平等相處融洽。交通便利和緩，治安和平安定人與人之間溫文有禮。空氣中充滿宜人氣息。冬小雪而不寒，夏清涼而不熱，真不愧最宜人居的世界十大都市之首。就這樣，我們愛上溫哥華。

2001 年八月，長女孝民成婚，次女孝君也自 RUTGERS

初臨加西　安度晚年

大學畢業遠去印尼就業。幼子孝中也升入 RUTGERS 大學修習經濟學，生活也能自理。我們開始策劃下一步人生動向。

　　2002 年三月，我們在長女孝民陪同下，飛向溫哥華，從此定居加拿大溫哥華的貝拿比（BURNABY）市。換了楓葉卡，也有了醫療卡，按我的年齡，也取得年花四十五加元長者乘車卡。應有的移民權益，都享受到了。

　　2003 年七月，我七十初度古稀之齡，三個兒女及女婿，分別遠來溫哥華為我祝福，一家七口又在異國重聚，更感親情濃郁可貴。

圖說 27 西元 2003 年七月，七十初度，兒女來溫哥華團聚祝壽

圖說 28 西元 2003 年七月，七十初度，兒女來溫哥華團聚祝壽

2005 年五月，我們登陸加拿大已滿十年了，按規定申請入籍，由於年逾五十五歲以上，按規定可免了筆試，僅口試即通過。不久即在法官監誓下，順利成為加拿大公民。同時也順理成章的申請到加拿大護照，成了中（台）加兩國人。

同年五月，我們在東大溫地區的貝拿比（BURNABY）市買了一幢公寓入住，從此兒女自美來，也有容身之地。我們除了回台探親之外，每年春節期間，也輪番到美東新澤西州或美西洛杉磯與兒女度歲。

國恩家慶　福杯滿溢

國恩家慶　福杯滿溢

2007年八月，外孫女崔安彤出生，我們飛臨美中維吉尼亞州（VA）列治文（RICHMOND）市照顧，深感生命體系，又再延伸。

2008年十月，國民黨重新執政後歡度雙十國慶，我們和次女孝君，兒子孝中都回台參加慶典，同申祝頌。

圖說 29　　西元 2008 年十月，與兒女回台參加雙十國慶

圖說 30 西元 2008 年十月，與次女孝君，兒子孝中回台參加雙十國慶

2010 年十月，我們參觀上海的萬國博覽會後，回台北參觀國際花卉博覽會。兩岸盛會，我們都能躬親參與。

圖說 31 西元 2010 年十月，參觀上海的萬國博覽會

國恩家慶　福杯滿溢

圖說 32 西元 2010 年十一月，參觀台北國際花卉博覽會

　　2011 年九月，在加拿大溫哥華福源堂，我們夫婦接受基督教義啟迪，歷時三個月，終於通過。於同年十二月十九日接受洗禮，正式成為基督徒。

　　2012 年十月，我們重遊江南八大名城，更登上黃山觀松。回到台北後，便為兒子孝中向利家提親，姻緣夙訂，，婚訊有期。

　　2013 年元月，老岳母劉馬氏，年老體弱，一度病危，內子急促兼程回台省親，倖獲平安。但到了六月廿三日，卻在清晨中在家中安然長逝。積壽九十有六。內子驚聞惡耗，急忙啟程飛台北奔喪。我因行動不便，又因暑期機位難求，只好含悲留下來，讓內子單獨兼程回台，引為生平憾事。

　　2013 年七月，我已進入耄耋八十高齡，次女孝君夫婦自美西洛杉磯飛來溫哥華為我祝壽。長女孝民及幼子孝中因工作忙而不及遠來。亦致厚禮祝賀，都令我老懷欣喜。

圖說 33 西元 2013 年七月，八十初度，次女孝君夫婦來溫哥華團聚祝壽

國恩家慶　福杯滿溢

圖說 34 西元 2013 年七月，八十初度，次女孝君夫婦來溫哥華團聚祝壽

同年十月，我們先回台北為兒子孝中籌辦喜事。其實多半已被女方親家代為張羅，我們深表感激。

十二月十六日，男女雙方家長在"台北京星港式飲茶"闢室，為兒子孝中與利珮如小姐舉行訂婚儀式，交換飾物。

同月廿八日中午，在南京東路小巨蛋內囍宴廳，舉行婚禮宴會。除國內雙方親友外，遠自越南的姪女德新，阮成功夫婦偕女阮明詩；加拿大五嫂區有也都遠來參加觀禮祝福。 長女孝民攜帶外孫女崔安彤，次女孝君偕女婿鍾裕祥都自美國來台參加盛典。

眼看黃氏一門三代，又在台北團聚，喜氣盈庭，福杯滿溢。真要感激主的安排，也感謝神的恩典。

圖說 35 西元 2013 年 12 月 28 日，小兒孝中結婚全家福

圖說 36 西元 2014 年 2 月 22 日，孝中夫婦在美慶祝婚宴

錄後補記　永存感恩

　　余生也淺，我智也荒，八十生涯，平靜無波，原無足述。但凡走過必留下痕跡，尤其是我生逢其時，作為一個時代過客，豈能無感。何況生平際遇數度起落，足跨亞非美三洲，亦有足資回憶者，是以為錄。以請教君子，祈多指正。

　　生我者父母，但早失怙恃，且年少無知，對父母的感頌，無法多所著墨。而我和弟妹這群孤雛，卻蒙未婚三姊淑群的扶持，凡衣食寒暖溫飽，均蒙照顧，在我們弟妹輩幼小心靈中，早有定位。

　　及長接受越南知用中學恩師容宜讓，葉寶珠夫婦啟導，得以進入求知致用之門，開啟人生大道。此恩此德，永誌勿忘。

　　及後與內子劉錢喻相知相識，進而相愛結褵四十年，平素節衣縮食，同甘共苦，家中事務，親力親為，使我無內顧之虞。生兒育女，積聚家業，辛苦自不待言。我何幸得此賢妻。秉此親愛精誠，在我步入晚年力衰之際，扶持我度過餘生。深感此生有幸。

　　內子大姊劉錢水與張興亮夫婦，堅持基督"神愛世人"之義，協助我們全家改變生涯計劃，引導兒女走向人生大道，真教人心存感激，永遠感恩。

　　以上是我對家人、師長及親友的感念。

至於政治層面，我蒙中華民國政府大力扶助海外僑生回國升學而深蒙其恩。公職生涯三十年，亦受政府照顧。後來退休赴美，兒女在美國新澤西州生活及接受教育，均能享受平等看待，給予平等機會，至今猶能平等立足美國社會。

　　其後我們二老定居加拿大溫哥華，接受多元文化洗禮；安居有道之邦，樂享天年。對以上中美加三國政府福國利民的政策，我們都身蒙其惠，終生不忘。

　　最後我這本回憶錄，能出書面世，全賴昔日政治大學僑外室同仁張燕燕女士抽空幫忙電腦打字，才能付梓。也附致無盡的感激。

八十回憶錄

作　　者/黃光達（Kuang-Da Huang）
出版者/美商 EHGBooks 微出版公司
發行者/漢世紀數位文化（股）公司
臺灣學人出版網：http://www.TaiwanFellowship.org
地　　址/106 臺北市大安區敦化南路 2 段 1 號 4 樓
電　　話/02-2707-9001 轉 616-617
印　　刷/漢世紀古騰堡®數位出版 POD 雲端科技
出版日期/2014 年 9 月（亞馬遜 Kindle 電子書同步出版）
總經銷/Amazon.com
臺灣銷售網/三民網路書店：http://www.sanmin.com.tw
　　　　　三民書局復北店
　　　　　　地址/104 臺北市復興北路 386 號
　　　　　　電話/02-2500-6600
　　　　　三民書局重南店
　　　　　　地址/100 臺北市重慶南路一段 61 號
　　　　　　電話/02-2361-7511
全省金石網路書店：http://www.kingstone.com.tw
定　　價/新臺幣 200 元（美金 7 元/人民幣 40 元）

2014 年版權美國登記，未經授權不許翻印全文或部分及翻譯為其他語言或文字。
2014©UnitedStates，Permission required for reproduction，or translation in whole or part.

www.ingramcontent.com/pod-product-compliance
Lightning Source LLC
LaVergne TN
LVHW041542060526
838200LV00037B/1093